AF563716

LE COMMISSIONNAIRE,

COMÉDIE

EN DEUX ACTES, EN PROSE;

PAR J. CANDEILLE.

Représentée pour la première fois, à Paris, sur le Théâtre de l'Egalité, ci-devant Français, le 7 Frimaire, l'an troisième de la République.

Prix, 25 *sols*.

A PARIS,

Chez MARADAN, Libraire, rue du Cimetière-André-des-Arts, n°. 9.

TROISIÈME ANNÉE DE LA RÉPUBLIQUE.

NOTE

SUR LA PIÈCE DU COMMISSIONNAIRE.

Cette anecdote touchante, racontée en deux actes, composée et transcrite en trois jours, n'a pourtant été représentée qu'au bout de six semaines. La pièce accueillie à un autre théâtre, et retirée pour des raisons personnelles; ravie à l'auteur par un homme qui a quelques droits à sa confiance (son mari); remise à un ami qui la porte à la Comédie Française, qui y sollicite une distribution avantageuse, qui l'obtient à la faveur de l'anonyme; et enfin annoncée, jouée, et applaudie, au grand étonnement de Julie Candeille, qui avoit ri et pleuré, la veille, au petit chef-d'œuvre de d'Aleyrac et de Marsollier.

Mais si les bons rôles font les bons acteurs, combien aussi le talent de ces derniers ne fait-il pas valoir un ouvrage médiocre? Le Commissionnaire a donné la preuve de cette vérité. Toute la pièce, soutenue par le jeu piquant et vrai de Dazincourt, l'attitude simple de Caumont, la diction épurée de Saint-Fal, la grace naïve de la citoyenne Devienne, et le zèle de tous ceux qui ont contribué à l'ensemble; le succès du second acte, dû presque en entier au charme créateur que la citoyenne Contat imprime à ses moindres rôles, a procuré à l'auteur un des plus doux momens qu'elle ait passé de sa vie. Elle en remercie ses anciens camarades, particulièrement la citoyenne Contat, qui alors ne savoit pas son nom.

PERSONNAGES. ACTEURS.

Les Citoyens

CANGE.. *Dazincourt.*

BERNARD...................................... *Caumont.*

NORTHEL...................................... *Saint-Fal.*

HENRIETTE.................................... *Contat* l'aînée.

GERMAINE..................................... *Devienne.*

LE CONCIERGE................................. *Naudet.*

HENRI, enfant de neuf ans.

BABET, petite fille de huit ans.

La scène est à Paris.

LE COMMISSIONNAIRE,

COMÉDIE.

ACTE PREMIER.

Il est huit heures du matin. Le théâtre représente une grande rue de Paris, sur l'un des côtés de laquelle est une maison de détention. Les fenêtres d'en haut sont calfeutrées; celles d'en-bas sont libres, mais voilées à quelques pas de distance par une palissade de planches, qui règne autour de la maison, et au milieu de laquelle on distingue, en dehors, une porte et un banc.

SCÈNE PREMIERE.

BERNARD *seul et assis. Il se retourne et secoue la tête comme un homme de mauvaise humeur.*

RIEN à faire.... presque rien à faire — Diable d'homme! Toute la besogne est pour lui. — J'ne lui en voulons pas pourtant: c'est un si bon garçon! Trop bon, seulement.... Et qu'est-ce qui lui en revient? Là, voyons, qu'est-ce qui lui en revient? La préférence, c'est vrai, sur moi, sur tous les commissionnaires du quartier.... Mais après? un mal de chien, et puis c'est tout. — Quelques bill[illegible] d'cent sous, p't'être, par-ci, par-là, quand ils sont à leur aise: mais, c'est précisément ceux-là qu'il se soucie le moins de servir.... Je sommes pas de c't'avis-là, moi. — Je suis sur ce banc pour gagner ma vie ; et entre l'message qui n'fait que m'ôter mes forces et celui qui me fournit de quoi me les rendre, il n'y a pas d'risque que j'me trompe de chemin. — Quant à ceux d'là-dedans, j'ne les connoissons pas, et j'nons qu'faire de m'mêler de leurs affaires. — Tu souffres ? tant pis. T'as besoin de moi ? tant mieux. V'là ma peine ; j'prends ton argent ; bon soir : tout est fini par-là.

SCÈNE II.

CANGE, BERNARD.

CANGE, *la voix altérée, l'œil humide.*

BONJOUR, Bernard.

BERNARD.

Bonjour, camarade. — Qu'est-ce que t'as donc ? Tu as les yeux rouges.

CANGE, *s'essuyant les yeux.*

Ah ! ce n'est rien. C'est que Michel.... Tu connoissois b'en Michel ?

BERNARD.

Ton beau-frère ?

CANGE.

Vraiment oui, mon beau-frère, le frère véritable de not' femme, de ma pauvre Françoise.

BERNARD.

Eh b'en ?

CANGE.

Eh b'en.... il vient de mourir.

BERNARD.

Bah !

CANGE.

Pardine, n'faut-il pas tous en venir là ? Encore si l'on

n'sortoit de c'monde que quand on n'peut plus y être bon à rien ! — Mais à trente ans, mordienne ! fort, alerte, courageux, avec quatre enfans que son travail nourrissoit... .

BERNARD.

Quatre enfans ! Eh ! seigneur de dieu, qu'est-ce qu'y vont devenir !

CANGE, *plus gai.*

Oh ! ils sont à couvert.

BERNARD.

Où ça ?

CANGE.

Dans mon grenier. — J'passois devant la porte de c'pauvre diable. — J'vois une bière.... un aria.... un remue ménage.... J'm'arrête.... je demande.... C'est Michel qu'est mort, m'fait comme ça la fruitière. — Michel ! que j'l'y fais, tout effaré.... Ah ! mon dieu oui, s'fait-elle ; à telles enseignes que v'là ses pauvres enfans qu'on met à la porte par l'ordre du principal locataire. — J'm'avance comme un enragé. — J'vous flanque une tape à l'un, une tape à l'autre ; j'm'empare des enfans de Michel : deux dans mes bras, un sur mon dos, l'autre accroché au pan de ma veste, et nous v'là tous les cinq battant l'pavé, d'un cœur.... Ils sont dans ma chambre, je viens d'les y enfermer avec mes trois marmots. V'là qui est arrangé. Ils ne feront plus qu'un lit et qu'une table.

BERNARD.

Un lit et une table pour sept ! y songes-tu ?

CANGE, *vivement.*

Bah ! s'il falloit toujours songer aux suites, on n'obligeroit jamais personne. Je me moque b'en de ça, moi.... J'aimons mieux quatre charges de plus et un reproche de moins ; et si j'n'avions pas recueilli ces petits orphelins, tiens, j'aurois eu là.... j'aurois eu là quelque chose.... qui m'auroit empêché de dormir.

BERNARD.

Ma foi, tu ne dormiras guère, s'il faut que tu élèves tous

A 4

cela à toi tout seul. Diable m'emporte si je sais comment tu feras pour...

CANGE.

Comment j'ferai? Je m'leverai deux heures plutôt. Je ferai mes commissions deux fois plus vite : mes petits gas sont gras à plaisir ; ça crève de nourriture ; j'leur porte sans cesse... Eh ben, ils s'arrangeront.... ils partageront.... Je m'priverai aussi de mon côté. J'vous régalois les jours de décade ; vous m'régalerez à vot' tour ; vous saurez pourquoi, et ça n'souffrira pas d'difficulté, n'est-il pas vrai? Mon aîné est déjà fort, dans deux ans il travaillera avec moi ; v'là déjà un soulagement. Ils grandiront tous les un après les autres ; chacun d'eux fera pour moi ce que j'aurai fait pour lui : au lieu de trois amis, j'en aurai sept. Ne m'voilà-t-il pas bien à plaindre? — D'ailleurs... (*confidemment*) je suis en fonds.

BERNARD, *curieux.*

Tu es en fonds?

CANGE, *tirant un petit porte-feuille.*

Oh, oui, oui... J'ai ici..... tiens, j'ai dans ce porte-feuille deux bons billets de cinquante francs chaque, qu'j'ons amassés depuis deux mois que j'nous sommes établis à c'te porte. J'ne savons pas pourquoi, mais j'remarquons que ceux-là qui sont dans l's'angoisses, dans l's'inquiétudes, dans la misère... sont toujours plus généreux que d'autres.

BERNARD, *extasié.*

Et tu as cent francs, toi?.... cent francs!

CANGE, *riant.*

Ça t'étonnes? — Tu n'les as p't'être jamais eu de ta vie?

BERNARD.

Ma foi non; et je sais compter, stapendant.

CANGE.

C'est à cause de ça; quand tu compteras moins, tu en auras davantage.

BERNARD.

Allons donc !

CANGE.

Oh ! c'est b'en vrai. J'ne compte avec personne, moi ; aussi je suis toujours mieux payé qu'un autre. On marchande le mercénaire, on récompense le serviteur désintéressé. Je sommes né bon ; j'n'saurions voir souffrir. Sur une centaine qui sont là-dedans, il y en a eu quelquefois dix, vingt de suite que j'ons obligés seulement pour le plaisir d'user mon temps et mes souliers. Eh b'en, il en vient un plus riche, dont j'n'attends pas plus, que j'oblige d'même, qui me paie pour tous les autres, et ça me dédommage.

BERNARD.

C'est qu't'es heureux. Je n'oserions l'risquer, not' état n'est déjà pas assez bon pour....

CANGE.

Qu'est-ce que tu dis donc ? Notre état ! le plus joli état du monde, le plus libre.... Et j'aime la liberté, moi ; oh ! je l'aime.... Mais sais-tu ousque je plaçons le niveau de l'égalité ? — Dans notre ame, morbleu. C'n'est pas le plus riche, c'n'est pas le plus savant..... c'est le plus sage, c'est l'meilleur, sur-tout, qu'est, selon moi, l'premier des hommes ; et il n'y a qu'ceux-là qui l'y ressemblent qui soyons dignes d'être ses égaux.

BERNARD.

T'as raison, morbleu, t'as raison. — Mais, dis-moi, as-tu déjà ben trotté aujourd'hui ?

CANGE.

J't'en réponds. Et j'en aurois fait encore davantage sans... (*il s'écrie :*) Ah, mon dieu ! ah, mon dieu, mon dieu !...

BERNARD, *effrayé.*

Eh ben, eh ben, qu'est-ce qui t'arrives donc ? Comme tu cries !....

CANGE.

Ah, mon dieu, mon ami ! c'est que....

BERNARD.

Quoi ?

CANGE.

C'est que j'ai oublié....

BERNARD.

Quoiq'ç'a qu't'as oublié ?

CANGE.

Northel.

BERNARD.

Northel ?

CANGE.

Oui, Northel.... ce prisonnier.... si pâle. ..

BERNARD.

Au rez-de-chaussée ?

CANGE.

Oui, oui, c'est ça. C'pauvre misérable ! si abandonné, si menacé ! — Et sa femme, ses enfans. Il m'avoit tant prié !.... Non, non, il faut que j'aie une tète.... Je m'en y vas. (*Il veut sortir.*)

BERNARD.

Un moment, un moment ; v'là le déjeûner : toute la maison va demander après toi.

CANGE.

Eh ben, restes, tu en profiteras.

BERNARD.

Non, mordienne, j'ne te ferai pas ce tort là.

CANGE, *voulant sortir.*

Je reviens tout de suite.

BERNARD, *l'arrêtant.*

Mais ce sera trop tard.

CANGE.

Laisse-moi partir.

BERNARD, *l'arrêtant toujours.*

Et non, j'te dis. (*on entend plusieurs voix qui appellent Cange de l'intérieur de la prison.*) Tiens.... v'là qu'on t'appelle.

SCÈNE III.

(*La porte de la maison s'ouvre dans l'intérieur de la palissade. On en voit sortir le Concierge, qui paroît répondre en dedans.*)

Les précédens, NORTHEL.

UNE VOIX, *du dedans de la prison.*

CONCIERGE? envoyez-nous Cange, je vous en prie.

LE CONCIERGE.

Vous l'allez avoir dans la minute. (*il appelle*) Cange? Bernard?

BERNARD.

Nous voilà, nous voilà. (*à Cange, qui tape du pied d'impatience.*) Allons, allons; tu iras un peu plus tard.

NORTHEL, *paroissant à la fenêtre et arrêtant le Concierge, qui va pour ouvrir la palissade.*

Citoyen.... citoyen.... par pitié, faites que je puisse voir Cange.

LE CONCIERGE.

A l'instant, mon ami. Rentrez. (*Northel rentre.*)

SCÈNE IV.

CANGE, BERNARD, LE CONCIERGE *sortant.*

LE CONCIERGE.

Bernard? (*à Cange qui veut entrer.*) Attends un instant, toi; nous rentrerons ensemble. (*il parle à l'oreille de Bernard.*).... et tu reviendras aussi-tôt. Vas.

BERNARD.

J'y cours. (*Il sort.*)

SCÈNE V.

LE CONCIERGE, CANGE.

LE CONCIERGE.

Ecoute : tu vas voir Nortel? ne lui refuse rien de ce qu'il te demandera, entends-tu?

CANGE.

Pourquoi me dites-vous ça? est-ce que ce n'est pas ma coutume?

LE CONCIERGE.

Ah! je sais bien, je sais bien : mais c'est que.... ce misérable.... cela manque de tout.... Peut-être a-t-il quelques parens, quelques amis à qui il pourroit demander.... Crois-moi, fais ses commissions.... fais-les les premières. Pour le temps qui lui reste, ma foi, ce n'est pas la peine....

CANGE, *effrayé.*

Le temps qui lui reste!... Combien donc croyez-vous....

LE CONCIERGE.

Oh! on ne sait pas encore au juste.... Quatre ou cinq peut-être. (*Il rentre doucement et se retourne en regardant Cange.*)

CANGE, *à part.*

Quatre ou cinq jours ! malheureux !... cent mille millions de fois malheureux que j'sommes ! . . . et j'ons pu négliger.. et je serons peut-être cause.... et il faut que c'te chienne d'étourderie.... est-ce que je ne peux pas la réparer donc ! est-ce que je ne peux pas.... entrons. (*Il entre dans l'intérieur de la prison avec le Concierge.*)

SCENE VI.

NORTHEL, *seul ; on le voit reparoître à sa croisée, il se soutient à peine, et jette autour de lui des regards inquiets.*

CANGE ne vient pas ? — J'avois cru l'entendre ; m'auroit-il oublié ? — Ce malheur-là ne seroit réservé qu'à moi ! — O mon Henriette ! — ô ma femme ! — la misère et le désespoir t'ont-ils donc ôté tout moyen de parvenir jusqu'à ce séjour de larmes? Irai-je subir le châtiment que je n'ai pas mérité, sans recevoir un mot, un seul mot qui m'assure de ton existence, de celle de mes enfans ? Infortunés ! sans appui, sans secours, privés de la foible et unique ressource que leur offroient ma tendresse et mon industrie : — ah ! voilà, voilà l'idée affreuse qui empoisonnera mon dernier moment. Les cruels ! ... ah ! quels qu'ils soient, ou méchans, ou trompés, je leur pardonnerois ma mort, si elle n'entraînoit la ruine de tout ce qui m'attachoit au monde. — Mais ils auront beau faire.... oh ! ils auront beau faire, ils ne m'arracheront jamais un murmure contre ma Patrie. (*Il retombe sur son siége.*)

SCENE VII.

NORTHEL, CANGE, *sortant de l'intérieur.*

CANGE.

M'en voilà quitte à la fin ! Voyons un peu maintenant, comment est-ce que je ferai pour mentir un petit moment. (*Il tousse.*) Hum, hum !

NORTHEL, *s'élançant sur la fenêtre.*

Le voilà ! ah ! te voilà Cange ! Tu es venu bien tard ce matin !

CANGE.

Dam ! — j'ons eu d's'affaires.... j'ons couru.... Eh ben, qu'est-ce ? toujours du chagrin ? Voulez-vous ben ne pas vous laisser abattre comme ça.

NORTHEL, *le regardant en tremblant.*

Non, mon ami, non, je ne suis point abattu : — je désirerois seulement savoir.... si.... tu as.... pensé....

CANGE, *à part.*

C'pauvre homme !

NORTHEL.

Si ma femme.... mes enfans....

CANGE.

Allons, allons, pas tant d'émotion : — rassurez-vous, que diable.... rassurez-vous. (*se faisant effort.*) Je les ai vus ; ils se portent bien.

NORTHEL, *avec transport.*

Tu les as vus ?... ils se portent bien ?... Ah, grace, grace !... reconnoissance éternelle à l'ange de consolation qui a pris pitié de ma peine ! (*Il tombe les bras passés autour de Cange.*)

CANGE.

Taisez-vous donc.... taisez-vous donc.... vous faites

l'enfant ; ne v'là-t-il pas un beau service que je vous ai rendu-là ?

NORTHEL.

Un beau service !... le premier qu'on ait voulu me rendre, le plus cher que je pusse recevoir dans ma détresse.-- Mais parles, parles, mon ami ! achèves de rafraichir ce cœur, desséché de crainte et d'ennui ; n'omets, je t'en conjure, n'omets aucun détail de cette intéressante commission.

CANGE, *embarrassé.*

Des détails ?... oh, des détails.... J'ne vous en donnerons pas beaucoup, parce que.... j'étions pressé, et que j'n'ons pas eu le temps. — (*Northel s'afflige.*) Mais, j'ons malgré cela, de bien bonnes choses à vous apprendre. D'abord, c'est que.... comme j'vous le disois tout-à-l'heure, j'ons vu votre femme, vos enfans ; ils s'portent bien ; ils sortent tous les jours pour tâcher de vous tirer d'ici ; ils espèrent beaucoup.

NORTHEL, *avec joie.*

Ils espèrent ?

CANGE, *se contraignant.*

Oui, Citoyen, oui, ils espèrent ; — et en attendant, ils sont contens, tranquilles, rien ne les inquiète, rien ne leur manque ; ainsi....

NORTHEL, *surpris.*

Rien ne leur manque ! — Hélas, depuis six mois que je languis dans cette prison, comment ont-ils pu faire ? comment vivent-ils encore ? par quel coup de la providence....

CANGE, *avec véhémence.*

N'faut jamais s'en défier, mon ami, n'faut jamais s'en défier. — Si vous êtes innocent, si vous l'êtes, les yeux au Ciel, la main sur le cœur, et t'nez-vous en paix. Elle a trouvé d's amis, vot'femme, elle en a trouvé, je vous en réponds. — (*Il cherche ce qu'il va dire.*) Elle a fait connoissance avec.... une bonne voisine qui.... la soutient, l'encourage.... la console, lui prête de l'argent au besoin....

et c'est si vrai.... tenez.... c'est si vrai, que v'là un billet de cinquante francs que vot' femme m'a chargé de vous remettre.

NORTHEL.

Cinquante francs!... ma femme! est-il possible? quoi, mon ami, c'est ma femme!...

CANGE.

C'est vot' femme; oui, c'est vot' femme qui vous envoie cela pour vous acheter ce qui vous est nécessaire; — car vous n'êtes sûrement pas sans avoir besoin de quelques petites choses.

NORTHEL.

Hélas, de tout, mon ami! mais....

CANGE, *vivement.*

Eh, en ce cas, prenez donc, prenez donc bien vite, dépêchez-vous d'en faire usage.

NORTHEL, *hésitant.*

Oh, ce n'est pas là l'embarras; mais....

CANGE.

Mais, mais, mais; prenez: qui vous retient?

NORTHEL.

Si ma femme n'a que cela.... si elle se gêne pour me secourir... dois-je accepter un soulagement dont ma famille a peut-être encore plus besoin que moi?... Cette idée me poursuivroit.... je veux tâcher de m'y soustraire... car, vois-tu, mon ami, je ne vis que dans mes enfans; s'ils languissent, je meurs; s'ils vivent heureux, j'aurai toujours de la force de reste.

CANGE, *à part, retenant ses larmes.*

Je n'y tiens plus. (*haut.*) Tranquillisez-vous, brave père, tranquillisez-vous; prenez ce billet, employez-le sans crainte; vot' femme peut vous l'donner, elle le peut; elle en aura.... elle en a tout autant dans son porte feuille.

NORTHEL,

NORTHEL, *joyeux*.

Elle en a autant ?

CANGE.

Oui.

NORTHEL.

Tu en es sûr ?

CANGE.

Comme si c'étoit moi.

NORTHEL, *prenant le billet*.

Donnes ! donnes !... Secours précieux !... secours inespéré !... — Et cette voisine, cette digne femme à qui nous devons tant, dis-moi donc, mon cher Cange, l'as-tu vue ? sais-tu qui elle est ? pourrois-tu m'instruire...

CANGE.

Ah, ma fine, vous m'en demandez trop : j'ons tant de choses en tête que....

NORTHEL.

Ah, pardonnes.... pardonnes, j'abuse... mais, mon ami, j'ose attendre de ta bonté, de ta générosité, que tu ne me refuseras pas la satisfaction de faire reporter à ma femme une partie du bonheur que j'éprouve. — Si tu as par hazard un moment, un seul moment de trop dans ta journée, tu voudras bien y retourner pour....

CANGE, *vivement*.

J'irai.... j'irai, foi d'honnête homme.

LE CONCIERGE, *en dedans ; il appelle*.

Northel ?

NORTHEL.

On m'appelle !

CANGE, *à part*.

Ah, tant mieux ! (*haut.*) Adieu, Citoyen.

NORTHEL, *le retenant*.

Mon ami !... mon cher ami !... avant de nous séparer, aides-moi donc à payer... non pas ce que tu as fait pour moi, mais la perte du temps que j'ai dérobé à d'autres....

Fais-moi, je t'en supplie, le plaisir de changer.... (*il lui présente le billet de cinquante francs.*)

CANGE, *le cœur serré.*

Y pensez-vous? pourquoi tant vous presser... vous m'donnerez ça avec autre chose. — A vot' sortie, Citoyen, à vot' sortie nous compterons ensemble.

LE CONCIERGE, *en dedans; il crie:*

Northel? Northel?

NORTHEL, *embrasse Cange.*

J'y vais. Adieu, mon ami, adieu.

CANGE, *affectueusement.*

Au revoir.... au revoir, ayez soin de vous. (*Northel rentré, et referme sa fenêtre.*)

SCÈNE VIII.

CANGE, *seul: il sort de la palissade.*

Il étoit temps, j'étouffois. — Allons, débarrassons-nous bien vîte du plus pressé, et courons ensuite chez sa femme. (*il sort précipitamment, et heurte Bernard qui entre.*)

SCENE IX.

CANGE, BERNARD.

BERNARD.

Ou vas-tu donc comme ça?

CANGE.

Où j'aurois dû aller ce matin. — Mais, toi, qu'est qu't'as? tu es tout en nage.

BERNARD, *confidemment.*

J'viens d'là bas. — Un train d'enfer. — Une fournée de conspirateurs. — Je m'en vas rendre compte. (*il va pour entrer, et revient sur ses pas.*) As-tu vu Northel?

CANGE.

J'viens de lui parler.

BERNARD.

T'as bien fait, car on n'pourra p't'être plus lui parler.

CANGE.

Comment?

BERNARD, *secouant la tête.*

Hum.... j'craignons ben que demain... (*il sort.*)

SCENE X.

CANGE, *seul.*

DEMAIN!... demain!... eh bien, morbleu! tout coup vaille, c'est toujours un bon moment que j'ly auront fait passer; c'est égal, j'ly tiendrons parole; j'irons trouver sa femme, — j'tâcherons d'la reconforter un p'tit brin. — Je n'sais pas ce que l'hazard me destine, mais quoiqu'y m'arrive jamais, j'r'mercierons l'ciel toute not vie d'nous avoir fait cadeau d'un bon cœur.

FIN DU PREMIER ACTE.

ACTE II.

Le théâtre représente une chambre très-pauvre : Babet prépare le fil dont Germaine se sert pour achever l'ouvrage ; Babet est pâle ; Germaine a l'air abattu : — elle regarde de temps en temps du côté de la porte.

SCÈNE PREMIÈRE.

GERMAINE, BABET.

BABET, *à Germaine.*

MAMAN ne revient pas!

GERMAINE.

Patience, ma petite.

BABET, *portant la main à son estomac.*

Patience ; oui, mais...

GERMAINE.

Courage.... encore un peu de courage. — Tiens, dès que ceci sera achevé, j'irai bien vite le vendre, et nous dinerons.

BABET.

Ça sera-t-il bien long ?

GERMAINE.

Mais en m'appliquant bien... trois ou quatre heures encore ! (*elle soupire.*)

BABET.

Trois ou quatre heures !... et combien y en a-t-il que nous n'avons dîné ?

GERMAINE, *empressée.*

Tais-toi donc, Babet. (*à part.*) Pauvre enfant ! pauvre Henriette !... encore si mon amitié leur étoit plus utile : — mais, moi-même... fatiguée... abattue... avec des yeux qui se refusent au travail.... si cela continue... (*des larmes s'échappent de ses yeux, elle les essuie.*)

BABET, *se parlant à elle-même.*

Oh mais... nous n'attendrons peut-être pas si long-temps. Mon frère m'a dit qu'il conduiroit maman par-tout où elle trouvera des amis qui lui donneront de l'argent, et qu'il ne la laissera pas revenir sans qu'elle en rapporte.

GERMAINE.

Il ne faut pas se fier à sa promesse, ma fille : Henri est un bon petit enfant, mais il ne peut rien pour sa mère : et si tu m'en crois, tu ne lui parleras pas de cela à son retour ; tu la chagrinerois.

BABET.

La chagriner ! oh, j'en serois bien fâchée ! j'aime tant maman !

GERMAINE, *triste.*

Et ton père ?

BABET.

Papa !... il est en campagne ; — et c'est bien dommage ! — ça alloit mieux quand il étoit ici. (*soupirant.*) Nous dînions tous les jours !... (*plus gaie.*) Mais il reviendra.

GERMAINE, *douloureusement.*

Il reviendra !

BABET, *confiante.*

Oh qu'oui, il reviendra : — nous avons déjà arrangé, Henri et moi, un beau petit compliment pour le jour de son arrivée : cela fera plaisir à maman.

GERMAINE, *l'embrassant et pleurant.*

Chère petite!... chers enfans!... aimez, aimez toujours bien votre mère, le ciel vous en récompensera. (*on entend du bruit.*) J'entends quelqu'un.

BABET.

C'est maman.

GERMAINE, *regardant.*

Oui, c'est elle : silence, Babet.

SCENE II.

HENRIETTE, GERMAINE, BABET, HENRI.

(*Henriette arrive pâle, tremblante, dans le plus grand désordre : Henri la quitte pour aller s'appuyer contre une table; il paroît excédé; — elle veut parler, sa voix est étouffée par les sanglots.*)

GERMAINE.

Eh bien, quelles nouvelles?

HENRIETTE.

Affreuses!... affreuses : nuls secours... nul appui, nuls renseignemens sur le malheureux Northel; je ne pleurerai plus... je n'implorerai plus... mon cœur est révolté, ma raison perdue... toutes mes forces anéanties. — La misère, la honte, le malheur... l'inépuisable malheur!... voilà mon partage, voilà mon sort.

GERMAINE, *effrayée.*

Quel état! quel égarement! Qu'avez-vous donc appris?

HENRIETTE.

Rien : tout se tait, tout me fuit, tout m'abandonne : l'incertitude... l'insupportable incertitude m'enveloppe de ses noires ténèbres. — J'ai couru depuis ce matin, j'ai couru chez tous ceux que je croyois les amis de Northel; — il n'en a plus... il n'en a plus, mon amie ! — ils m'ont fait entendre, ils ont osé me faire entendre qu'il étoit trop exposé pour en conserver encore. — Tremblante à cette horrible idée, j'ai volé, j'ai pénétré avec mon enfant jusqu'aux pieds de nos juges... Des réponses vagues... une préoccupation effrayante... des cris... du sang... un échafaud... Saisie, éperdue, hors de moi, je suis revenue, — j'ai traversé une foule tumultueuse... Je marchois sans voir... je suis arrivée.. me voilà. — Le trouble, la terreur, le désespoir ! la mort est dans mon ame. (*elle tombe dans les bras de Germaine qui la fait asseoir.*)

GERMAINE.

Pauvre voisine !... chère Henriette, calmez-vous, calmez-vous, je vous en conjure; si vous avez perdu tous vos amis, Germaine, la fidelle Germaine vous reste, et ne vous abandonnera pas. Henriette ! par pitié pour vos enfans....

HENRIETTE, *revenant à elle.*

Mes enfans?... Ah, oui, oui.... travaillons pour mes enfans. (*pleurant.*) Germaine.... voici le second jour....

BABET, *triste, dans un coin.*

Ah ça, c'est bien vrai, voici le second jour.

GERMAINE, *à part à Babet.*

Paix, Babet !

HENRIETTE.

Que dit-elle ?

GERMAINE.

Rien, rien; songez à vous, songez à l'innocence de Northel, et rappellez votre courage.

HENRIETTE, *vivement.*

Oui, sans doute, Germaine, il est innocent; — j'ignore, hélas ! quel abus ou quelle erreur fatale a pu le faire soupçonner d'un crime. Mais... j'en atteste la pureté d'un cœur toujours tranquille avec lui-même : — jamais, jamais l'ennemi de sa Patrie n'eût été l'époux chéri d'Henriette. — (*elle regarde Germaine*) Germaine ! ... vous avez travaillé ! ... vous pouvez encore travailler !

GERMAINE.

Oui, oui ; laissez-moi faire. Bientôt. . . .

HENRIETTE, *foible*.

Je voudrois pouvoir vous aider ; -- mais je ne sais.... une langueur .... pénible .... une foiblessse extrême....

HENRI.

J'ai faim !

BABET, *pleurant*.

Et moi aussi, j'ai faim !

HENRI *tombe de foiblesse en criant :*

Ma mère! ah ! ma mère !

HENRIETTE, *s'élance sur le corps de son fils, le relève et le réchauffe sur son sein.*

Mon enfant ! ... mon enfant ! ... Être éternel ! ... Dieu de justice et d'humanité ! . . . prends pitié d'une mère aux abois ! vois ces enfans .... vois leur misère profonde ! . . rends-leur la vie en leur rendant leur père, et délivre-moi d'une existence inutile. (*Elle tombe accablée, son fils dans ses bras.*)

SCÈNE III.

CANGE, HENRIETTE, GERMAINE, BABET, HENRI.

CANGE, *entr'ouvrant la porte.*

N'EST-CE pas ici que demeure la citoyenne Northel?

GERMAINE, *pleurant*.

Hélas, Citoyen, la voilà expirant de douleur sur le corps de son fils, qui se meurt d'inanition.

CANGE, *hors de lui.*

Qui se meurt d'inaniti.... et vous êtes là.... tranquillement à les regarder ? Secourez-les donc, mordienne, secourez-les donc ! (*frappant dans la main d'Henriette.*) Citoyenne?... Citoyenne?... r'venez à vous.... r'venez à vous, j'vous dis ! — je vous apportons de la consolation.... (*à Germaine.*) T'nez, vous, prenez la mère ; — j'ons là quelque chose pour l'enfant. — Viens, mon petit. (*il le prend dans ses bras et va l'asseoir sur une table.*) Tiens, (*il tire une gourde de sa poche, et le fait boire.*) bois-moi ça, mon ami ; — encore.... encore.... là ! — c'est bon, ça ?... pauvre petit ! (*il l'embrasse.*) Tiens, ma petite, tiens, bois le reste. (*Il donne la gourde à Babet.*) Tout-à-l'heure vous aurez du solide. (*à Germaine.*) Citoyenne, écoutez, Citoyenne ; vous êtes sûrement la sœur, la tante, la bonne amie, — quelque chose comme ça ? — Tenez, prenez, (*Il fouille dans sa poche.*) et allez ben vite chercher ce qu'il faut. (*Germaine va pour sortir.*)

HENRIETTE, *revenant à elle.*

Que faites-vous ?... qui êtes-vous ? Citoyen, qui êtes-vous ?

CANGE.

J'vous le dirons, Citoyenne, j'vous le dirons. (*à Germaine.*) Dépêchez-vous, vous, — dépêchez-vous donc, — ça presse. (*Germaine sort avec toute la démonstration de la joie et de la célérité.*)

SCENE IV.

CANGE, HENRIETTE, les deux enfans.

CANGE, *ôtant son bonnet.*

J'M'APPELLE Cange, Citoyenne, j'sommes un brave homme, commissionnaire de mon état. — J'travaillons pour la maison ous qu'est vot' mari. J'l'ons vu ; il vouloit vous donner de ses nouvelles, savoir comment est-ce que vous alliez, vous et vos enfans ; vous envoyer de l'argent par là-dessus : j'venons vous dire qu'il se porte ben. j'ons donné de sa part un billet de cinquante francs à c'te bonne femme qui étoit là ; il me paroit qu'à son retour vous irez tous à merveille.

V'là qui est bien. Vous savez à présent qui j'sommes, et ce que je venions faire ; si je vous dérangeons, dites-le, j'sommes prêt à vous laisser en repos. (*Il veut sortir.*)

HENRIETTE, *l'arrêtant.*

Arrêtez !... Je ne sais où j'en suis. — Cher Northel ! Citoyen !... si vous saviez.... ah ! si vous saviez que de bien vous nous faites, et dans quel moment !

CANGE.

Oui, oui, il me semble que je suis venu à propos.

HENRIETTE.

Mais, Citoyen.... mon mari.... il n'est donc pas si malheureux que nous le craignions ; il a donc trouvé quelque ami, quelque compagnon moins misérable, qui daigne partager avec lui....

CANGE, *saisissant son idée.*

Vous y êtes ; c'est cela : c'est un ami qu'il a fait dans c'te maison, qui l'aide de son mieux.... Allez, allez, c'est un bon enfant que c't'ami-là ; — s'il étoit plus riche, vous vous en ressentiriez.

HENRIETTE.

Eh, que peut-on faire de plus pour moi, que de secourir ma famille ? que de me rassurer sur le sort de mon mari ? car, Citoyen, j'espère.... (*timidement.*) que vous voudrez bien.... me dire....

CANGE, *d'un ton préparatoire.*

J'ne savons rien, Citoyenne, — j'ne savons rien du tout. — Vot' mari a la mine d'un honnête homme ; vous m'avez l'air d'une brave femme ; j'serions fâché qu'il vous arrivât malheur.... mais dans tous les cas, écoutez donc.... faut d'la fisolophie.... vous avez d's'enfans.... et s'ils perdoient leur père, n'oubliez pas que vous restez seule chargée de la dette que vous avez contractée tous deux en les mettant au monde, oui !

HENRIETTE, *effrayée.*

Vous me faites frémir !... Hélas !... est-ca que Northel...

(*avec éclat.*) Il n'est pas coupable, Citoyen, il ne l'est pas, j'en jure!... ma tête répondroit de la sienne.

CANGE, *lui serrant la main.*

J'vous croyons... j'vous croyons, chère femme!... mais j'ne savons rien, je n'pouvons rien vous dire, sinon que si vous êtes bonne mère, vous ne quitterez pas vos enfans de vue : vous ne les quitterez pas.... d'une minute.

HENRIETTE, *encore plus effrayée.*

Votre émotion, vos larmes.... Je meurs, je meurs mille fois dans cette horrible attente!

SCÈNE V.

Les précédens, GERMAINE, *accourant.*

GERMAINE.

Bonnes nouvelles! bonnes nouvelles! Un grand complot est découvert, de grands coupables sont punis, la liberté respire, on ouvre les prisons, on interroge les détenus, on instruit les procès....

HENRIETTE, *avec transport.*

On instruit les procès?.... Mon mari est sauvé. — Germaine! citoyen! mes enfans! — Venez, venez, mes enfans, venez prier pour votre père.... (*ils se mettent à genoux autour de leur mère, qui s'y met aussi.*) C'est à l'innocence seule à plaider sa cause aux pieds du tribunal suprême.

CANGE, *pleurant.*

Cela me fend le cœur.... Ces pauvres enfans, c'te bonne mère.... Il me semble voir ma pauvre Françoise. (*on fait du bruit.*) Qu'est qu'j'entends là?

HENRIETTE.

Juste ciel!

GERMAINE.

Il me semble.....

HENRIETTE, *voulant courir, arrêtée par sa foiblesse.*

Germaine!.... Mes forces.... Ah! Dieu!...

SCÈNE VI.

Les précédens, NORTHEL, BERNARD, *portant un paquet.*

GERMAINE, *criant.*

C'est lui ! le voilà ! le voilà !

ENSEMBLE.

NORTHEL.	Ma femme !
HENRI.	Papa !
BABET.	Mon père !
HENRIETTE. . .	Northel ! — C'est lui !

(*Henriette se jette dans les bras de son mari, et les enfans tombent à ses genoux*).

NORTHEL.

Mon amie !..... mes enfans !.... mes pauvres enfans !

CANGE, *à part.*

Où me cacher, après tant de mensonges ?

NORTHEL, *appercevant Cange.*

Cange.... Cange ici.... Il ne manque plus rien à mon bonheur. (*Il court dans ses bras.*)

CANGE *embarrassé.*

Vous v'là donc libre, citoyen ? — J'en sommes ben charmé, allez. — J'vous souhaitons d'tout not' cœur.... bon soir. (*Il veut sortir.*)

NORTHEL *étonné.*

Comment ?

BERNARD *l'arrêtant.*

Comment, bon soir ? qu'est qu't'as donc qui te presse ? Que pouvons-nous faire de mieux que de partager la joie d'ces chers citoyens ?

CANGE *restant malgré lui.*

Ah ! certainement.... certainement.

HENRIETTE *à Cange.*

Ah ! Cange, vous ne refuserez pas d'être témoin de la félicité dont votre message a été l'augure. (*montrant Bernard.*) Voilà, voilà sans doute cet ami généreux dont....

NORTHEL *prenant le change.*

Oui, c'est ce bon Bernard qui, à peine informé de mon élargissement, s'est emparé de moi, et m'a ramené ici avec un zèle, avec une ardeur....

HENRIETTE *à Bernard.*

Citoyen, ce n'est pas la première obligation que nous vous avons ; mais croyez que notre reconnoissance....

BERNARD *surpris.*

Moi ? Est-ce à moi que vous parlez ?

CANGE.

Eh ! apparemment. — (*à part.*) Où me suis-je fourré ?

NORTHEL *à sa femme.*

Ah ! de la reconnoissance..... c'est moi qui ne sais comment exprimer la mienne. Chère Henriette ! fais-moi donc connoître cette tendre amie, cette bonne voisine qui....

HENRIETTE, *montrant Germaine.*

La voilà. Depuis trois mois, compagne assidue de mon travail, de mes chagrins, je n'ai dû qu'à son amitié....

NORTHEL, *à Germaine.*

Citoyenne, que de graces n'ai-je pas à vous rendre ? Sans votre dernier bienfait, j'étois mort à toute espérance, car je n'aurois jamais eu la force....

GERMAINE, *étonnée.*

Un bienfait ! moi ?

CANGE, *à part à Bernard.*

Laisse-moi m'en aller, je t'en prie.

BERNARD, *le retenant.*

Oh ! morbleu, tu ne sortiras pas. — (*à part.*) Il y a quelque chose là-dessous.

NORTHEL, *à Germaine.*

Quoi ! citoyenne ! ces cinquante francs que ma femme m'a envoyés ce matin....

GERMAINE.

Cinquante francs, mon dieu ! A peine si nous les avons gagnés depuis que nous travaillons ensemble.

HENRIETTE, *souriant.*

Eh non, ma voisine. L'émotion, la joie ont brouillé ses idées. Il oublie, au contraire, que c'est lui qui m'a envoyé cette somme que lui avoit prêté monsieur. (*Elle montre Bernard.*)

NORTHEL.

Moi?

HENRIETTE, *montrant Cange.*

C'est le citoyen qui me l'a apporté de ta part.

NORTHEL.

C'est lui qui, ce matin, m'en a remis autant de la tienne.

HENRIETTE.

Eh, comment l'aurois-je pu faire? Nous périssions quand il est arrivé.

CANGE, *s'enfuyant.*

Adieu, mes amis.

BERNARD, *courant après lui.*

Arrête ! arrête ! Northel, aidez-moi à le retenir. (*Ils le ramènent.*) Je m'en vas vous démêler ça, moi. (*ému.*) Ah ! celui-là me confond. (*Cange veut sortir, il le retient au collet.*) Reste-là. — (*riant et pleurant tout à-la-fois.*) Reste-là, coquin. (*à Northel.*) Qu'est-ce qui vous a donné cinquante francs tantôt?

NORTHEL.

C'est lui.

BERNARD, *à Henriette.*

Qu'est-ce qui vous a donné cinquante francs ce so

HENRIETTE.

C'est lui.

BERNARD, *à Cange.*

Qu'est-ce qu't'as fait des deux billets de cinquante francs qu'tu m'as montres ce matin ?

CANGE, *à Bernard.*

Veux-tu te taire ?

BERNARD, *le pressant.*

Qu'est qu't'en as fait, je te dis ?

CANGE, *en colère.*

Veux-tu te taire, bavard?

BERNARD, *parlant malgré les efforts de Cange, qui veut l'en empêcher.*

Il avoit deux billets de cinquante francs ce matin, il les avoit; je les ai vus. (*à Northel.*) Il vous en a donné un. (*à Henriette.*) Il vous en a donné un autre. Vous n'savez d'où ça vous vient. Il n'y a qu'à le fouiller. S'il ne les a plus dans son porte-feuille, c'est fini; c'est à lui seul qu'il faut s'en prendre.

NORTHEL, *fixant Cange avec surprise.*

Cange!

HENRIETTE.

Se peut-il ?

GERMAINE.

Citoyen !...

BERNARD, *le pressant.*

Veux-tu ben l'avouer? veux-tu ben l'avouer tout-à-l'heure. J'tons deviné déjà... avoue, camarade, avoue! eh, mordienne! faut-il tant se faire prier, pour convenir d'une bonne action!

NORTHEL, *transporté.*

Une bonne action!... ah, le mot est trop faible! Et s'il est vrai, s'il est possible... Henriette!... réponds : à quelle heure est-il venu?

HENRIETTE.

Ce soir, te dis-je.

NORTHEL.

Tu ne l'avois pas vu ce matin?

HENRIETTE.

Non, mon ami.

NORTHEL, *ivre de joie.*

Tout est connu : son embarras, son généreux mensonge.

HENRIETTE, *l'observant.*

Et maintenant son trouble, son silence...

BERNARD.

Et sa rougeur donc... tenez...

TOUTE LA FAMILLE *s'écrie :*

C'est lui !

BERNARD

Eh, sûrement, c'est lui. (*Northel tombe dans les bras de Cange ; Bernard l'étouffe de l'autre côté : Henriette tient ses mains, les enfans sont autour de lui ainsi que Germaine, et le comblent de caresses.*)

CANGE, *au comble de l'attendrissement.*

Eh bien oui, c'est moi : allons, c'est vrai, c'est moi.— Eh mais, mon dieu ! faut-il donc tant se récrier pour si peu de chose ! — je n'avions que ça ; si j'avions eu davantage, j'vous l'aurois donné tout d'même. Mais... (*à Northel.*) J'dois vous le dire : j'étions loin de m'attendre à tant de plaisir, — car j'vous croyois perdu.

NORTHEL, *le regardant avec admiration.*

Ce dernier trait achève de développer toute ta grandeur d'ame !... Ma langue est enchaînée... l'expression se refuse. (*avec enthousiasme.*) Eh bien, esclaves nés des préjugés gothiques, admirateurs outrés de la naissance et de l'éducation, où trouverez-vous dans vos fastueuses annales, un cœur plus enrichi de tous les trésors de la délicatesse et de la sensibilité ? — (*Cange fait un mouvement de mal-aise.*) Ne crains rien, brave Cange, ne crains rien... je n'insulterai point

point la modeste vertu par des louanges trop au-dessous d'elle : je t'imiterai... si je puis ; c'est le seul moyen de mériter ton estime, et celle de la Patrie qui va se glorifier de ton nom.

HENRIETTE.

Ah, Cange ! venez souvent parmi nous ! que nos enfans respirent auprès de vous l'air salubre de la candeur et de l'humanité !

NORTHEL.

Oui, ne faisons plus qu'une famille ; travaillons de concert à nous rendre mutuellement heureux : et prouvons à nos ennemis que, sans compter la valeur et l'intrépidité dont ils font chaque jour l'épreuve ; prouvons-leur, dis-je, — (*à Bernard.*) que la bonté rustique, (*à Germaine.*) l'amitié courageuse, (*à sa femme.*) l'attachement conjugal, (*à Cange.*) et la bienfaisance désintéressée, sont les mœurs adorées de notre nouveau régime, sont les vertus à l'ordre du jour.

AIR : *Veillons au salut de l'empire.*

GERMAINE.

Amis, bannissons nos alarmes ;
Et que jamais le souvenir,
Ne rouvre la source des larmes,
Qu'efface déjà l'avenir.
Chantons,
Célébrons
Les soutiens chéris de la France,
De leurs travaux qu'aucuns ne soient perdus,
L'amour et la reconnoissance,
Seront le prix de leurs vertus.

HENRIETTE.

Salut, honneur à la Patrie,
Qui me rend enfin mon époux,
Et qui de mon ame attendrie
Arrache le vœux le plus doux !
Mon fils !
Mon cher fils !

Tu peux remplir mon espérance;
Ressouviens-toi de cet heureux retour,
Et de notre reconnoissance:
Songe à nous acquitter un jour.

BERNARD.

Pour moi, tout haut je le confesse,
Avec le penchant le meilleur,
Certaine habitude d'rudesse
Par fois me déguisoit mon cœur.
Pourtant,
A présent,
J'veux m'tenir à l'air de clémence;
C'ila
N'produira
Jamais d'fatiguans repentirs.
Mériter la reconnoissance
Est l'moins dangereux des plaisirs.

CANGE.

Moi, j'ons vu qu'en tout'circonstance,
Chacun de nous couroit hazard,
Quand y s'trouvoit qu'sa négligence
Le faisoit arriver trop tard.
Eh bien,
Citoyens,
Voyez c'que c'est que l'indulgence!
Votre bonté m'épargne ce malheur,
Et d'un trait de reconnoissance
Ne veut point dispenser l'auteur.

FIN DU SECOND ET DERNIER ACTE.

www.ingramcontent.com/pod-product-compliance
Lightning Source LLC
LaVergne TN
LVHW020308230826
846091LV00006B/2590

9782012727991